"YO" IMPORTO: 11 CLAVES PARA LA EXCELENCIA

Guía Inspiradora de Revistas Para La Excelencia y el Éxito

por

EXCELL LA FAYETTE, JR.

EXCELL LA FAYETTE, JR.

"YO" IMPORTO: 11 CLAVES PARA LA EXCELENCIA

ESTE DIARIO PERTENECE A:

_____

NOMBRE

_____

DESDE

_____

FECHA

EXCELL LA FAYETTE, JR.

"YO" IMPORTO: 11 CLAVES PARA LA EXCELENCIA – *Guía Inspiradora de Revistas Para La Excelencia y el Éxito*. Derechos de autor © 2020 por Excell La Fayette, Jr., La Fayette Enterprises, LLC. Todos los derechos reservados. Impreso en los Estados Unidos de América. Ninguna parte de este diario puede ser reproducida o transmitida de ninguna forma o por cualquier medio, electrónico o mecánico, incluyendo fotocopia, grabación, o por un sistema de almacenamiento y recuperación de información – excepto por un revisor que puede citar breves pasajes en una revisión para ser impresos en una revista o periódico, y en el caso de la Santa Biblia (KJV, NIV y NKJV) breves cocientes de las Escrituras incorporados al final de las páginas – sin permiso en la escritura. Esta revista es ideal para su distribución en corporaciones y organizaciones. También es un gran regalo. Se ofrecen descuentos por volumen.

Publicado por: La Fayette Enterprises, LLC

P. O. Box 654, Bristow, OK 74010

Sitio web: www.ExcelltoExcellence.com

Biblioteca del Congreso Control Número: 2020919768

Libro de tapa blanda (Español) ISBN: 978-1-7354317-2-7

Editor: Zina Curlee Paige, Zina-PR.com

Traducción Española: Rachel Barrientos Bruner

"YO" IMPORTO: 11 CLAVES PARA LA EXCELENCIA

Esta revista está dedicada a mis padres, Excell y Ruby Mae Clement-La Fayette; mis abuelos paternos, Walter Reed y Mary Ann La Fayette; abuelos maternos, Russell Harrison Clement, Henry Bennett Shields (abuelo de pasos), y Glassie Mae Clement-Shields; sus padres de vanguardia, y todos los ancianos que lideraron el camino para las libertades que tenemos hoy en día.

Y "Usted"

_____

(Inserte su nombre)

Utilice este diario como guía para transformar su vida y como un regalo para ayudar a otros a dar rienda suelta a sus pensamientos, talentos y sueños desde dentro. ¡Emociona, anima y cuenta con responsabilidad! No seas un obstáculo para tu propio éxito. Deja que tu pasado motive tu futuro. No te conformes con solo existir en esta vida.

Gracias,

Excell a Fayette, Jr.
AUTHOR | MOTIVATIONAL SPEAKER | LIFE COACH

EXCELL LA FAYETTE, JR.

"YO" IMPORTO: 11 CLAVES PARA LA EXCELENCIA

"I" MATTER: 11 CLAVES PARA LA EXCELENCIA

LA FAYETTE ENTERPRISES, LLC

EDITOR

www.ExcelltoExcellence.com

EXCELL LA FAYETTE, JR.

"YO" IMPORTO: 11 CLAVES PARA LA EXCELENCIA

CONTENIDO

Introducción   Página 13-14

Propósito para el Usuario: Porque "Yo" Importo

Toma estos puntos y libera el poder de su potencial.

   Sueño y Ambición

   Crear Meta(s)

   Priorizar la Meta(s)

   Desarrollar Estrategia

   Desarrollar Una Visión

   Ejecute Su visión

   Libera El Poder Dentro de "Tú" por Excelencia

Escrituras Bíblicas   Página 14-15

   La Palabra Viva

"Yo" Importo   Página 15

   ¿Cuál Es Tu Por Qué?

   ¡Sal de Tu Caja!

Establecimiento de Objetivos, Reevaluación y Reflexión

                                                                                     Página 15

Conclusión   Página 16

Propósito del Diario: 11 Claves para Mejorar Su Pensamiento

    Pensamiento de Imagen Grande   Página 17

    Pensamiento Enfocado   Página 29

    Pensamiento Creativo   Página 41

    Pensamiento Realista   Página 53

    Pensamiento Estratégico   Página 65

    Posibilidad de Pensar   Página 77

    Pensamiento Reflexivo   Página 89

    Pensamiento Popular   Página 101

    Pensamiento Compartido   Página 113

    Pensamiento Desinteresado   Página 125

    Pensamiento de la Línea de Fondo   Página 137

"YO" IMPORTO: 11 CLAVES PARA LA EXCELENCIA

Sobre el Autor   Página 149-150

Excell La Fayette, Jr.

EXCELL LA FAYETTE, JR.

"YO" IMPORTO: 11 CLAVES PARA LA EXCELENCIA

INTRODUCCIÓN

El propósito real de esta guía inspiradora de revistas es operar como un instrumento para que "Usted," el lector, visualice que "Yo" Importo. Cree una mentalidad utilizando estos puntos de pensamiento a continuación, como bloques de construcción para tomar medidas para lograr sus sueños y metas finales.

Esta guía de diario inspiradora trata sobre sus sueños y el poder de hacerlos realidad con su participación al:

- Soñando – soñar en grande y tenga la ambición de tener éxito y hacer grandes cosas.
- Crear meta(s) – manténgase encaminado para lograr su último sueño.
- Priorizar la meta(s) – esto requiere disciplina y elimina los distractores.
- Desarrollar estrategia – existen pasos y procesos que utilizas para alcanzar y lograr su objetivo.

- Desarrollar una visión – los sueños mejoran su visión para ver con claridad. Cuando tiene una visión, puede operar de manera eficiente para lograr su objetivo.
- Ejecute su visión – como en la estrategia, ha creado su(s) objetivo(s). Debe tener un proceso para seguir sus pasos para completar su objetivo.
- Libera el poder dentro de "Tú" por excelencia.

ESCRITURAS DE LA BIBLIA

Las escrituras Bíblicas repetidas en varias páginas están ahí para representar la Biblia como la "Palabra Viva." Cada vez que leemos un pasaje de las Escrituras, aunque sean las mismas palabras en la página, resuena algo diferente en nuestro corazón y en nuestra mente.

Cada vez que realiza una entrada en el diario, su corazón y su mente están despertando a la persona exitosa que hay dentro de usted, tomando medidas para alcanzar su máximo potencial. Estas escrituras lo motivarán a dejar de usar contratiempos, fracasos y presiones como excusas. Empiece a visualizarlos como desafíos y oportunidades de éxito. La escritura te insta a dejar de esconderte detrás de tu pasado, de seguir los movimientos cotidianos y de quedarte al margen, convirtiéndote en el hombre o la mujer que Dios te ha creado para ser.

"YO" IMPORTO

¿Porqué? ¡Sal de tu caja! Te pusieron en esta tierra con un propósito. Tenemos tanta congestión en nuestras vidas y nos consumimos con cosas que realmente no importan. Nos impide alcanzar todo nuestro potencial, y nubla nuestro pensamiento. Porque "tú" importas, tu regalo a esta tierra, a tu familia o la población humana es ser el mejor "tú." Debido a que "ustedes" importan, todo tenemos la habilidad innata de ayudarse unos a otros en muchas áreas. Debido a que "usted" importa; todos pensamos de manera diferente, y algunos de esos pensamientos se mantienen en silencio. Esos pensamientos silenciosos podrían ayudar a mejorar este mundo en el que vivimos hoy. ¡Por qué importas, es porque "tú" eres importante!

ESTABLECIMIENTO DE OBJETIVOS, REEVALUACIÓN Y REFLEXIÓN

Mientras revisas estas *11 Claves para la Excelencia*, tómese un tiempo para escribir sus metas, reflexionar sobre ellas y actuar para completarlas con éxito.

CONCLUSIÓN

El éxito significa algo diferente para todos. A medida que completes este diario, escribirás sus pensamientos y sueños. Debe actuar sobre esos pensamientos y sueños para lograr el resultado deseado. Tus acciones hablan más que las palabras.

Es mi deseo, que este proceso de pensar y escribir un diario revele que "Usted" importa. Profundice en su interior e identifique estas 11 Claves para la Excelencia, comenzando con las *11 Claves para Mejorar Su Pensamiento*.

¡Que tengas un viaje exitoso!

"YO" IMPORTO: 11 CLAVES PARA LA EXCELENCIA

11 CLAVES PARA MEJORAR SU PENSAMIENTO

Clave n.o 1

*Pensamiento de **IMAGEN GRANDE***

El pensamiento de imagen grande es tener la capacidad de visualizar de manera amplia, crear ideas, soluciones y ver posibilidades para maximizar esas oportunidades.

Juan 10:10 (*KJV*) *Yo he venido para que tengan vida, y para que la tengan en abundancia.*

EXCELL LA FAYETTE, JR.

Fecha____/____/____

PENSAMIENTO DE IMAGEN GRANDE

¡Utilice esta sección a continuación para mostrar cómo piensa en grande! Escriba cómo se ve su día típico, luego compáralo con lo que desea que sea.

_____

_____

_____

_____

_____

_____

_____

_____

_____

Juan 10:10 (*KJV*) *Yo he venido para que tengan vida, y para que la tengan en abundancia.*

"YO" IMPORTO: 11 CLAVES PARA LA EXCELENCIA

Fecha____/____/____

PENSAMIENTO DE IMAGEN GRANDE

_____

_____

_____

_____

_____

_____

_____

_____

_____

_____

_____

Juan 10:10 (*KJV*) *Yo he venido para que tengan vida, y para que la tengan en abundancia.*

EXCELL LA FAYETTE, JR.

Fecha____/____/____

PENSAMIENTO DE IMAGEN GRANDE

¿Cuáles son algunas de las barreras que impiden sus pensamientos?

_____
_____
_____
_____
_____
_____
_____
_____

Juan 10:10 (*KJV*) He venido para que *tengan vida, y que podrían tenerlo más abundantemente.*

"YO" IMPORTO: 11 CLAVES PARA LA EXCELENCIA

Fecha____/____/____

PENSAMIENTO DE IMAGEN GRANDE

_____

_____

_____

_____

_____

_____

_____

_____

_____

_____

Juan 10:10 (*KJV*) *Yo he venido para que tengan vida, y para que la tengan en abundancia.*

Fecha____/____/____

PENSAMIENTO DE IMAGEN GRANDE

¿Cómo puedes pensar sin límites?

_____

_____

_____

_____

_____

_____

_____

_____

_____

Juan 10:10 (*KJV*) *Yo he venido para que tengan vida, y para que la tengan en abundancia.*

"YO" IMPORTO: 11 CLAVES PARA LA EXCELENCIA

Fecha____/____/____

PENSAMIENTO DE IMAGEN GRANDE

_____
_____
_____
_____
_____
_____
_____
_____
_____
_____

Juan 10:10 (*KJV*) *Yo he venido para que tengan vida, y para que la tengan en abundancia.*

EXCELL LA FAYETTE, JR.

Fecha ____/____/____

PENSAMIENTO DE IMAGEN GRANDE

¿Cómo puedes desencadenar tus pensamientos y pensar como un visionario?

_____

_____

_____

_____

_____

_____

_____

_____

_____

Juan 10:10 (*KJV*) He venido para que *tengan vida, y que podrían tenerlo más abundantemente.*

"YO" IMPORTO: 11 CLAVES PARA LA EXCELENCIA

Fecha____/____/____

PENSAMIENTO DE IMAGEN GRANDE

_____

_____

_____

_____

_____

_____

_____

_____

_____

_____

_____

Juan 10:10 (*KJV*) *Yo he venido para que tengan vida, y para que la tengan en abundancia.*

EXCELL LA FAYETTE, JR.

Fecha____/____/____

PENSAMIENTO DE IMAGEN GRANDE

Anota todas tus metas: a largo y corto plazo.

_____

_____

_____

_____

_____

_____

_____

_____

Juan 10:10 (*KJV*) *Yo he venido para que tengan vida, y para que la tengan en abundancia.*

"YO" IMPORTO: 11 CLAVES PARA LA EXCELENCIA

Fecha____/____/____

PENSAMIENTO DE IMAGEN GRANDE

Escribe y clasifica tus mejores pensamientos/objetivos de "Big Picture."

_____
_____
_____
_____
_____
_____
_____
_____
_____
_____

Juan 10:10 (*KJV*) *Yo he venido para que tengan vida, y para que la tengan en abundancia.*

NOTAS

Clave n.o 2

Pensamiento ENFOCADO

El pensamiento enfocado es concentrarse en un solo tema

o tarea en mente.

Santiago 1:22 (*NKJV*) *Pero sed hacedores del mundo, y no solamente calentadores, engañándonos a vosotros mismos.*

EXCELL LA FAYETTE, JR.

Fecha____/____/____

PENSAMIENTO ENFOCADO

El enfoque aclara su visión/puntos de vista. Escriba cinco (5) enfoques centrales.

_____
_____
_____
_____
_____
_____
_____
_____
_____

Santiago 1:22 (*NKJV*) *Pero sed hacedores del mundo, y no solamente calentadores, engañándonos a vosotros mismos.*

"YO" IMPORTO: 11 CLAVES PARA LA EXCELENCIA

Fecha_____/_____/_____

PENSAMIENTO ENFOCADO

Enfocarte te ayuda a ser un hacedor. ¿Qué cinco (5) acciones puede tomar?

_____

_____

_____

_____

_____

_____

_____

_____

_____

Santiago 1:22 (*NKJV*) *Pero sed hacedores de la palabra, y no sólo oyentes, engañándose a vosotros mismos.*

EXCELL LA FAYETTE, JR.

Fecha____/____/____

PENSAMIENTO ENFOCADO

Las acciones enfocadas son los creadores de dinero. Nombra algunas maneras en las que puedes ser voluntario, donar a una organización benéfica de tu elección y aumentar tu círculo social.

_____

_____

_____

_____

_____

_____

_____

Santiago 1:22 (*NKJV*) *Pero sed hacedores de la palabra, y no sólo oyentes, engañándose a vosotros mismos.*

"YO" IMPORTO: 11 CLAVES PARA LA EXCELENCIA

Fecha____/____/____

PENSAMIENTO ENFOCADO

Cuando se centra, se completa el 100% de las tareas. Enumere cinco (5) tareas completadas.

_____
_____
_____
_____
_____
_____
_____
_____
_____

Santiago 1:22 (*NKJV*) *Pero sed hacedores del mundo, y no solamente calentadores, engañándonos a vosotros mismos.*

EXCELL LA FAYETTE, JR.

Fecha____/____/____

PENSAMIENTO ENFOCADO

Cuando se concentra, surge el verdadero "Tú". Nombra cinco (5) maneras de practicar el enfoque.

_____

_____

_____

_____

_____

_____

_____

_____

Santiago 1:22 (*NKJV*) *Pero sed hacedores del mundo, y no solamente calentadores, engañándonos a vosotros mismos.*

"YO" IMPORTO: 11 CLAVES PARA LA EXCELENCIA

Fecha____/____/____

PENSAMIENTO ENFOCADO

El enfoque elimina la procrastinación. Nombra cinco (5) destructores del tiempo y cómo puedes evitarlos.

_____

_____

_____

_____

_____

_____

_____

_____

_____

Santiago 1:22 (*NKJV*) *Pero sed hacedores del mundo, y no solamente calentadores, engañándonos a vosotros mismos.*

EXCELL LA FAYETTE, JR.

Fecha____/____/____

PENSAMIENTO ENFOCADO

Cuando te enfoques, ¿qué es lo que más te importa?

_____

_____

_____

_____

_____

_____

_____

_____

_____

_____

Santiago 1:22 (*NKJV*) *Pero sed hacedores del mundo, y no solamente calentadores, engañándonos a vosotros mismos.*

"YO" IMPORTO: 11 CLAVES PARA LA EXCELENCIA

Fecha____/____/____

PENSAMIENTO ENFOCADO

Determine por qué el enfoque es importante para usted. Haz una lista de cinco (5) razones por las que a veces debes ponerte primero.

_____

_____

_____

_____

_____

_____

_____

_____

Santiago 1:22 (*NKJV*) *Pero sed hacedores del mundo, y no solamente calentadores, engañándonos a vosotros mismos.*

EXCELL LA FAYETTE, JR.

Fecha____/____/____

PENSAMIENTO ENFOCADO

_____

_____

_____

_____

_____

_____

_____

_____

_____

_____

Santiago 1:22 (*NKJV*) *Pero sed hacedores del mundo, y no solamente calentadores, engañándonos a vosotros mismos.*

"YO" IMPORTO: 11 CLAVES PARA LA EXCELENCIA

Fecha____/____/____

PENSAMIENTO ENFOCADO

Anote las tareas o prioridades completadas de esta sección.

_____
_____
_____
_____
_____
_____
_____
_____
_____
_____
_____

Santiago 1:22 (*NKJV*) *Pero sed hacedores del mundo, y no solamente calentadores, engañándonos a vosotros mismos.*

NOTAS

Clave n.o 3

Pensamiento CREATIVO

El pensamiento creativo es tener una perspectiva nueva y una solución poco convencional para resolver un problema o abordar un problema.

Salmo 46:1 (*NKJV*) Dios es nuestro refugio *y fuerza, una ayuda muy presente en problemas.*

EXCELL LA FAYETTE, JR.

Fecha____/____/____

PENSAMIENTO CREATIVO

Libera tu poder de pensamiento creativo. Anota algo que hayas hecho imaginativo de una manera nueva.

_____

_____

_____

_____

_____

_____

_____

_____

_____

Salmo 46:1 (*NKJV*) Dios es nuestro refugio *y fuerza, una ayuda muy presente en problemas.*

"YO" IMPORTO: 11 CLAVES PARA LA EXCELENCIA

Fecha____/____/____

PENSAMIENTO CREATIVO

¿Cómo puedes cambiar la calidad de tu pensamiento?

_____
_____
_____
_____
_____
_____
_____
_____
_____
_____

Salmo 46:1 (*NKJV*) Dios es nuestro refugio *y fuerza, una ayuda muy presente en problemas.*

EXCELL LA FAYETTE, JR.

Fecha____/____/____

PENSAMIENTO CREATIVO

No dejes que el miedo obstaculice tu pensamiento creativo. Haz una lista de cinco (5) maneras en las que has vencido tus miedos y cómo los superaste.

_____

_____

_____

_____

_____

_____

_____

_____

Salmo 46:1 (*NKJV*) Dios es nuestro refugio *y fuerza, una ayuda muy presente en problemas.*

"YO" IMPORTO: 11 CLAVES PARA LA EXCELENCIA

Fecha____/____/____

PENSAMIENTO CREATIVO

Tienes una voz creativa dentro de ti. Anota cinco (5) pensamientos.

_____

_____

_____

_____

_____

_____

_____

_____

_____

Salmo 46:1 (*NKJV*) Dios es nuestro refugio *y fuerza, una ayuda muy presente en problemas.*

Fecha____/____/____

PENSAMIENTO CREATIVO

_____

_____

_____

_____

_____

_____

_____

_____

_____

_____

Salmo 46:1 (*NKJV*) Dios es nuestro refugio *y fuerza,*
una ayuda muy presente en problemas.

"YO" IMPORTO: 11 CLAVES PARA LA EXCELENCIA

Fecha____/____/____

PENSAMIENTO CREATIVO

¡Sin límites! ¿Cómo has usado tu imaginación para empujarte hacia la excelencia?

_____

_____

_____

_____

_____

_____

_____

_____

_____

Salmo 46:1 (*NKJV*) Dios es nuestro refugio *y fuerza, una ayuda muy presente en problemas.*

EXCELL LA FAYETTE, JR.

Fecha____/____/____

PENSAMIENTO CREATIVO

_____

_____

_____

_____

_____

_____

_____

_____

_____

_____

Salmo 46:1 (*NKJV*) Dios es nuestro refugio *y fuerza, una ayuda muy presente en problemas.*

"YO" IMPORTO: 11 CLAVES PARA LA EXCELENCIA

Fecha____/____/____

PENSAMIENTO CREATIVO

Describe tus momentos más mágicos.

_____

_____

_____

_____

_____

_____

_____

_____

_____

_____

Salmo 46:1 (*NKJV*) Dios es nuestro refugio *y fuerza, una ayuda muy presente en problemas.*

EXCELL LA FAYETTE, JR.

Fecha____/____/____

PENSAMIENTO CREATIVO

Enumere sus pensamientos creativos de esta sección.

_____

_____

_____

_____

_____

_____

_____

_____

_____

_____

Salmo 46:1 (*NKJV*) Dios es nuestro refugio *y fuerza, una ayuda muy presente en problemas.*

"YO" IMPORTO: 11 CLAVES PARA LA EXCELENCIA

Fecha____/____/____

PENSAMIENTO CREATIVO

Haz una lista de los mejores motivadores, creencias y citas que motivan tu pensamiento.

_____
_____
_____
_____
_____
_____
_____
_____
_____
_____

Salmo 46:1 (*NKJV*) Dios es nuestro refugio *y fuerza, una ayuda muy presente en problemas.*

NOTAS

Clave n.o 4

Pensamiento REALISTA

El pensamiento realista permite ajustar los pensamientos y el comportamiento a la demanda de la situación.

Filipenses 4:4 (*NKJV*) *Regocijarse en el Señor siempre. Una vez más, voy a decir, ¡regocíjate!*

EXCELL LA FAYETTE, JR.

Fecha____/____/____

PENSAMIENTO REALISTA

Sé real contigo mismo. Nombra cinco (5) maneras en las que disfrutes de la paz interior y celebres tú mismo.

_____

_____

_____

_____

_____

_____

_____

_____

_____

Filipenses 4:4 (*NKJV*) *Regocijarse en el Señor siempre. Una vez más, voy a decir, ¡regocíjate!*

"YO" IMPORTO: 11 CLAVES PARA LA EXCELENCIA

Fecha____/____/____

PENSAMIENTO REALISTA

_____
_____
_____
_____
_____
_____
_____
_____
_____
_____
_____
_____

Filipenses 4:4 (*NKJV*) *Regocijarse en el Señor siempre. Una vez más, voy a decir, ¡regocíjate!*

EXCELL LA FAYETTE, JR.

Fecha____/____/____

PENSAMIENTO REALISTA

Sé honesto contigo mismo. Anota cinco (5) auto recordatorios.

_____

_____

_____

_____

_____

_____

_____

_____

_____

Filipenses 4:4 (*NKJV*) *Regocijarse en el Señor siempre. Una vez más, voy a decir, ¡regocíjate!*

"YO" IMPORTO: 11 CLAVES PARA LA EXCELENCIA

Fecha_____/_____/_____

PENSAMIENTO REALISTA

_____

_____

_____

_____

_____

_____

_____

_____

_____

_____

_____

Filipenses 4:4 (*NKJV*) *Regocijarse en el Señor siempre. Una vez más, voy a decir, ¡regocíjate!*

EXCELL LA FAYETTE, JR.

Fecha____/____/____

PENSAMIENTO REALISTA

Está bien cambiar. Hablar a sí mismo ayuda. ¿Cuáles son cinco (5) preguntas que se harían para crear un cambio?

_____

_____

_____

_____

_____

_____

_____

_____

Filipenses 4:4 (*NKJV*) *Regocijarse en el Señor siempre. Una vez más, voy a decir, ¡regocíjate!*

"YO" IMPORTO: 11 CLAVES PARA LA EXCELENCIA

Fecha____/____/____

PENSAMIENTO REALISTA

El cambio es inevitable. ¿Qué te ha hecho sentir ansioso o afectado tus relaciones, metas, estilo de vida y trabajo?

_____

_____

_____

_____

_____

_____

_____

_____

Filipenses 4:4 (*NKJV*) *Regocijarse en el Señor siempre. Una vez más, voy a decir, ¡regocíjate!*

EXCELL LA FAYETTE, JR.

Fecha____/____/____

PENSAMIENTO REALISTA

_____

_____

_____

_____

_____

_____

_____

_____

_____

_____

Filipenses 4:4 (*NKJV*) *Regocijarse en el Señor siempre. Una vez más, voy a decir, ¡regocíjate!*

"YO" IMPORTO: 11 CLAVES PARA LA EXCELENCIA

Fecha____/____/____

PENSAMIENTO REALISTA

Regocíjate de ser "Tú". ¿Cuál es su lectura devocional favorita o cita inspiradora?

_____

_____

_____

_____

_____

_____

_____

_____

_____

Filipenses 4:4 (*NKJV*) *Regocijarse en el Señor siempre. Una vez más, voy a decir, ¡regocíjate!*

EXCELL LA FAYETTE, JR.

Fecha____/____/____

PENSAMIENTO REALISTA

Escribe las cinco (5) cosas reales sobre ti.

_____

_____

_____

_____

_____

_____

_____

_____

_____

Filipenses 4:4 (*NKJV*) *Regocijarse en el Señor siempre.
Una vez más, voy a decir, ¡regocíjate!*

"YO" IMPORTO: 11 CLAVES PARA LA EXCELENCIA

Fecha____/____/____

PENSAMIENTO REALISTA

Haz una lista de cinco (5) cosas clave que te llevarán a tener éxito.

_____

_____

_____

_____

_____

_____

_____

_____

_____

_____

Filipenses 4:4 (*NKJV*) *Regocijarse en el Señor siempre. Una vez más, voy a decir, ¡regocíjate!*

NOTAS

Clave n.o 5

Pensamiento ESTRATÉGICO

El pensamiento estratégico es la capacidad de uno para pensar de manera sistemática, conceptual y creativa, para alcanzar el éxito en el futuro.

Malaquías 3:6 *(NIV) Porque yo soy el Señor, no cambio.*

EXCELL LA FAYETTE, JR.

Fecha____/____/____

PENSAMIENTO ESTRATÉGICO

Ponga su energía en los lugares correctos. Nombra cinco (5) formas de hacer frente al cambio.

_____

_____

_____

_____

_____

_____

_____

_____

_____

_____

Malaquías 3:6 *(NIV) Porque yo soy el Señor, no cambio.*

"YO" IMPORTO: 11 CLAVES PARA LA EXCELENCIA

Fecha____/____/____

PENSAMIENTO ESTRATÉGICO

_____

_____

_____

_____

_____

_____

_____

_____

_____

_____

_____

Malaquías 3:6 *(NIV) Porque yo soy el Señor, no cambio.*

EXCELL LA FAYETTE, JR.

Fecha____/____/____

PENSAMIENTO ESTRATÉGICO

¿Cuáles son los pasos/procesos que utilizará para completar sus objetivos?

_____

_____

_____

_____

_____

_____

_____

_____

Malaquías 3:6 *(NIV) Porque yo soy el Señor, no cambio.*

"YO" IMPORTO: 11 CLAVES PARA LA EXCELENCIA

Fecha____/____/____

PENSAMIENTO ESTRATÉGICO

_____

_____

_____

_____

_____

_____

_____

_____

_____

_____

_____

Malaquías 3:6 *(NIV) Porque yo soy el Señor, no cambio.*

PENSAMIENTO ESTRATÉGICO

Nombra cinco (5) maneras en las que puedes inspirarte en Dios u otras personas para ayudarte a pensar.

_____

_____

_____

_____

_____

_____

_____

_____

Malaquías 3:6 *(NIV) Porque yo soy el Señor, no cambio.*

"YO" IMPORTO: 11 CLAVES PARA LA EXCELENCIA

Fecha____/____/____

PENSAMIENTO ESTRATÉGICO

¿Cómo planeará expandir sus pensamientos o procesos de pensamiento?

_____
_____
_____
_____
_____
_____
_____
_____
_____
_____

Malaquías 3:6 *(NIV) Porque yo soy el Señor, no cambio.*

PENSAMIENTO ESTRATÉGICO

Fecha____/____/____

¿Cuáles son sus planes a corto plazo?

_____
_____
_____
_____
_____
_____
_____
_____
_____

Malaquías 3:6 *(NIV) Porque yo soy el Señor, no cambio.*

"YO" IMPORTO: 11 CLAVES PARA LA EXCELENCIA

Fecha____/____/____

PENSAMIENTO ESTRATÉGICO

¿Cuáles son sus planes a largo plazo?

_____

_____

_____

_____

_____

_____

_____

_____

_____

Malaquías 3:6 *(NIV) Porque yo soy el Señor, no cambio.*

EXCELL LA FAYETTE, JR.

Fecha____/____/____

PENSAMIENTO ESTRATÉGICO

Haz una lista de por qué completarás estratégicamente este ejercicio.

_____

_____

_____

_____

_____

_____

_____

_____

_____

Malaquías 3:6 *(NIV) Porque yo soy el Señor, no cambio.*

"YO" IMPORTO: 11 CLAVES PARA LA EXCELENCIA

Fecha____/____/____

PENSAMIENTO ESTRATÉGICO

Enumere 11 razones por las que este ejercicio es importante para usted.

_____
_____
_____
_____
_____
_____
_____
_____
_____
_____

Malaquías 3:6 *(NIV) Porque yo soy el Señor, no cambio.*

NOTAS

Clave n.o 6

Posibilidad de PENSAR

El pensamiento de posibilidades es la voluntad de ver posibilidades en todas partes sin limitaciones.

I Crónicas 28:20 *(NIV) Sé fuerte y de buen valor y hazlo; no temas ni temáis, porque el Señor Dios, Dios mío, estará contigo. No te dejará ni te abandonará.*

EXCELL LA FAYETTE, JR.

Fecha____/____/____

POSIBILIDAD DE PENSAR

¡Sé ilimitado! No dejes que otros te definan. ¿Nombrar cinco (5) cosas que representas en tu vida?

_____

_____

_____

_____

_____

_____

_____

I Crónicas 28:20 *(NIV) Sé fuerte y de buen valor y hazlo; no temas ni temáis, porque el Señor Dios, Dios mío, estará contigo. No te dejará ni te abandonará.*

"YO" IMPORTO: 11 CLAVES PARA LA EXCELENCIA

Fecha____/____/____

POSIBILIDAD DE PENSAR

_____

_____

_____

_____

_____

_____

_____

_____

_____

_____

I Crónicas 28:20 *(NIV) Sé fuerte y de buen valor y hazlo;*
no temas ni temáis, porque el Señor Dios,
Dios mío, estará contigo.
No te dejará ni te abandonará.

EXCELL LA FAYETTE, JR.

Fecha____/____/____

POSIBILIDAD DE PENSAR

Describa un momento intrépido en su vida.

_____
_____
_____
_____
_____
_____
_____
_____
_____

I Crónicas 28:20 *(NIV) Sé fuerte y de buen valor y hazlo;
no temas ni temáis, porque el Señor Dios,
Dios mío, estará contigo.
No te dejará ni te abandonará.*

"YO" IMPORTO: 11 CLAVES PARA LA EXCELENCIA

Fecha____/____/____

POSIBILIDAD DE PENSAR

Lea un libro poco común y dé una breve descripción general.

_____
_____
_____
_____
_____
_____
_____
_____
_____

I Crónicas 28:20 *(NIV) Sé fuerte y de buen valor y hazlo;*
no temas ni temáis, porque el Señor Dios,
Dios mío, estará contigo.
No te dejará ni te abandonará.

EXCELL LA FAYETTE, JR.

Fecha____/____/____

POSIBILIDAD DE PENSAR

_____
_____
_____
_____
_____
_____
_____
_____
_____

I Crónicas 28:20 *(NIV) Sé fuerte y de buen valor y hazlo;*
no temas ni temáis, porque el Señor Dios,
Dios mío, estará contigo.
No te dejará ni te abandonará.

"YO" IMPORTO: 11 CLAVES PARA LA EXCELENCIA

Fecha____/____/____

POSIBILIDAD DE PENSAR

Haz una lista de cinco (5) cosas que quieres obtener, es decir, materiales, educativos y espirituales.

_____
_____
_____
_____
_____
_____
_____
_____
_____

I Crónicas 28:20 *(NIV) Sé fuerte y de buen valor y hazlo; no temas ni temáis, porque el Señor Dios, Dios mío, estará contigo. No te dejará ni te abandonará.*

EXCELL LA FAYETTE, JR.

Fecha____/____/____

POSIBILIDAD DE PENSAR

_____

_____

_____

_____

_____

_____

_____

_____

_____

_____

I Crónicas 28:20 *(NIV) Sé fuerte y de buen valor y hazlo;*
no temas ni temáis, porque el Señor Dios,
Dios mío, estará contigo.
No te dejará ni te abandonará.

"YO" IMPORTO: 11 CLAVES PARA LA EXCELENCIA

Fecha____/____/____

POSIBILIDAD DE PENSAR

Atrévete a soñar sin límites. Nombra cinco (5) cosas extraordinarias que te atrevas a hacer diferente y salir de tu caja.

_____

_____

_____

_____

_____

_____

_____

I Crónicas 28:20 *(NIV) Sé fuerte y de buen valor y hazlo; no temas ni temáis, porque el Señor Dios, Dios mío, estará contigo. No te dejará ni te abandonará.*

EXCELL LA FAYETTE, JR.

Fecha____/____/____

POSIBILIDAD DE PENSAR

Sugiere cinco (5) formas de cambiar su forma de pensar.

_____

_____

_____

_____

_____

_____

_____

_____

I Crónicas 28:20 *(NIV) Sé fuerte y de buen valor y hazlo; no temas ni temáis, porque el Señor Dios, Dios mío, estará contigo. No te dejará ni te abandonará.*

"YO" IMPORTO: 11 CLAVES PARA LA EXCELENCIA

Fecha____/____/____

POSIBILIDAD DE PENSAR

Enumere 11 cosas que pensó que eran imposibles.

_____

_____

_____

_____

_____

_____

_____

_____

_____

_____

_____

I Crónicas 28:20 *(NIV) Sé fuerte y de buen valor y hazlo;*
no temas ni temáis, porque el Señor Dios,
Dios mío, estará contigo.
No te dejará ni te abandonará.

NOTAS

Clave n.o 7

Pensamiento REFLEXIVO

El pensamiento reflexivo es cuestionar activamente y considerar cuidadosamente una creencia, actitud o conocimiento que una consideración adicional lleva a una conclusión.

2 Corintios 4:8 (*NKJV*) *Somos presionados por todos lados, pero no aplastados; estamos perplejos, pero no desesperados.*

Fecha____/____/____

PENSAMIENTO REFLEXIVO

¿Por qué estás agradecido?

_____
_____
_____
_____
_____
_____
_____
_____
_____

2 Corintios 4:8 (*NKJV*) *Somos presionados por todos lados, pero no aplastados; estamos perplejos, pero no desesperados.*

"YO" IMPORTO: 11 CLAVES PARA LA EXCELENCIA

Fecha____/____/____

PENSAMIENTO REFLEXIVO

¿Cuál es tu verdadera historia?

_____
_____
_____
_____
_____
_____
_____
_____
_____

2 Corintios 4:8 (*NKJV*) *Somos presionados por todos lados, pero no aplastados; estamos perplejos, pero no desesperados.*

EXCELL LA FAYETTE, JR.

Fecha____/____/____

PENSAMIENTO REFLEXIVO

Identifique sus momentos que cambian su vida.

_____

_____

_____

_____

_____

_____

_____

_____

2 Corintios 4:8 (*NKJV*) *Somos presionados por todos lados, pero no aplastados; estamos perplejos, pero no desesperados.*

"YO" IMPORTO: 11 CLAVES PARA LA EXCELENCIA

Fecha____/____/____

PENSAMIENTO REFLEXIVO

Haz una lista de cinco (5) citas que cambiaron tu vida o forma de pensar.

_____
_____
_____
_____
_____
_____
_____
_____
_____
_____

2 Corintios 4:8 (*NKJV*) *Somos presionados por todos lados, pero no aplastados; estamos perplejos, pero no desesperados.*

EXCELL LA FAYETTE, JR.

Fecha____/____/____

PENSAMIENTO REFLEXIVO

_____

_____

_____

_____

_____

_____

_____

_____

_____

_____

2 Corintios 4:8 (*NKJV*) *Somos presionados por todos lados, pero no aplastados; estamos perplejos, pero no desesperados.*

"YO" IMPORTO: 11 CLAVES PARA LA EXCELENCIA

Fecha____/____/____

PENSAMIENTO REFLEXIVO

Haz una lista de 11 personas que cambiaron tu vida.

_____

_____

_____

_____

_____

_____

_____

_____

_____

_____

2 Corintios 4:8 (*NKJV*) *Somos presionados por todos lados, pero no aplastados; estamos perplejos, pero no desesperados.*

EXCELL LA FAYETTE, JR.

Fecha____/____/____

PENSAMIENTO REFLEXIVO

_____

_____

_____

_____

_____

_____

_____

_____

_____

_____

_____

2 Corintios 4:8 (*NKJV*) *Somos presionados por todos lados, pero no aplastados; estamos perplejos, pero no desesperados.*

"YO" IMPORTO: 11 CLAVES PARA LA EXCELENCIA

Fecha____/____/____

PENSAMIENTO REFLEXIVO

Haz una lista de cinco (5) victorias que lograste la semana pasada.

_____

_____

_____

_____

_____

_____

_____

_____

_____

2 Corintios 4:8 (*NKJV*) *Somos presionados por todos lados, pero no aplastados; estamos perplejos, pero no desesperados.*

Fecha____/____/____

PENSAMIENTO REFLEXIVO

_____

_____

_____

_____

_____

_____

_____

_____

_____

_____

2 Corintios 4:8 (*NKJV*) *Somos presionados por todos lados, pero no aplastados; estamos perplejos, pero no desesperados.*

"YO" IMPORTO: 11 CLAVES PARA LA EXCELENCIA

Fecha____/____/____

PENSAMIENTO REFLEXIVO

Haz una lista de 11 desafíos que hayas superado.

_____
_____
_____
_____
_____
_____
_____
_____
_____
_____
_____

2 Corintios 4:8 (*NKJV*) *Somos presionados por todos lados, pero no aplastados; estamos perplejos, pero no desesperados.*

NOTAS

Clave n.o 8

Pensamiento POPULAR

El pensamiento popular es básicamente seguir la rutina a la que la mayoría de la gente está acostumbrada, o no piensa en absoluto.

Hebreos 3:13 *(NIV) Pero exhortaos unos a otros cada día, mientras se llama "Hoy" para que ninguno de vosotros se endurezca por el engaño del pecado.*

EXCELL LA FAYETTE, JR.

Fecha____/____/____

PENSAMIENTO POPULAR

¿Eres un líder o un seguidor? ¿Qué has hecho más allá para añadir valor al entorno en el *que vives??*

_____
_____
_____
_____
_____
_____
_____
_____
_____

Hebreos 3:13 *(NIV) Pero exhortaos unos a otros cada día, mientras se llama "Hoy" para que ninguno de vosotros se endurezca por el engaño del pecado.*

"YO" IMPORTO: 11 CLAVES PARA LA EXCELENCIA

Fecha____/____/____

PENSAMIENTO POPULAR

_____
_____
_____
_____
_____
_____
_____
_____
_____
_____
_____

Hebreos 3:13 *(NIV) Pero exhortaos unos a otros cada día, mientras se llama "Hoy" para que ninguno de vosotros se endurezca por el engaño del pecado.*

EXCELL LA FAYETTE, JR.

Fecha____/____/____

PENSAMIENTO POPULAR

¿Soy fácilmente influenciado por otros? Nombra cinco (5) cosas gratificantes que puedes hacer para tomarte el tiempo conociéndote a ti mismo.

_____

_____

_____

_____

_____

_____

_____

_____

Hebreos 3:13 *(NIV) Pero exhortaos unos a otros cada día, mientras se llama "Hoy" para que ninguno de vosotros se endurezca por el engaño del pecado.*

"YO" IMPORTO: 11 CLAVES PARA LA EXCELENCIA

Fecha____/____/____

PENSAMIENTO POPULAR

_____

_____

_____

_____

_____

_____

_____

_____

_____

_____

Hebreos 3:13 *(NIV) Pero exhortaos unos a otros cada día, mientras se llama "Hoy" para que ninguno de vosotros se endurezca por el engaño del pecado.*

EXCELL LA FAYETTE, JR.

Fecha____/____/____

PENSAMIENTO POPULAR

¿Soy un agente para el cambio? Nombra cinco (5) maneras de cambiar tu pensamiento.

_____

_____

_____

_____

_____

_____

_____

_____

Hebreos 3:13 *(NIV) Pero exhortaos unos a otros cada día, mientras se llama "Hoy" para que ninguno de vosotros se endurezca por el engaño del pecado.*

"YO" IMPORTO: 11 CLAVES PARA LA EXCELENCIA

Fecha____/____/____

PENSAMIENTO POPULAR

_____

_____

_____

_____

_____

_____

_____

_____

_____

_____

Hebreos 3:13 *(NIV) Pero exhortaos unos a otros cada día, mientras se llama "Hoy" para que ninguno de vosotros se endurezca por el engaño del pecado.*

EXCELL LA FAYETTE, JR.

Fecha____/____/____

PENSAMIENTO POPULAR

¿Sólo sigues a las multitudes? ¿Qué cosas has hecho mediocres?

_____

_____

_____

_____

_____

_____

_____

_____

_____

Hebreos 3:13 *(NIV) Pero exhortaos unos a otros cada día, mientras se llama "Hoy" para que ninguno de vosotros se endurezca por el engaño del pecado.*

"YO" IMPORTO: 11 CLAVES PARA LA EXCELENCIA

Fecha____/____/____

PENSAMIENTO POPULAR

_____
_____
_____
_____
_____
_____
_____
_____
_____
_____
_____

Hebreos 3:13 *(NIV) Pero exhortaos unos a otros cada día, mientras se llama "Hoy" para que ninguno de vosotros se endurezca por el engaño del pecado.*

EXCELL LA FAYETTE, JR.

Fecha____/____/____

PENSAMIENTO POPULAR

Enumere cinco (5) iniciativas que ha seguido y que salieron bien.

_____

_____

_____

_____

_____

_____

_____

_____

_____

Hebreos 3:13 *(NIV) Pero exhortaos unos a otros cada día, mientras se llama "Hoy" para que ninguno de vosotros se endurezca por el engaño del pecado.*

"YO" IMPORTO: 11 CLAVES PARA LA EXCELENCIA

Fecha____/____/____

PENSAMIENTO POPULAR

Haz una lista de cinco (5) cosas que has seguido que no salieron bien.

_____

_____

_____

_____

_____

_____

_____

_____

_____

_____

Hebreos 3:13 *(NIV) Pero exhortaos unos a otros cada día, mientras se llama "Hoy" para que ninguno de vosotros se endurezca por el engaño del pecado.*

NOTES

Clave n.o 9

Pensamiento COMPARTIDO

El pensamiento compartido consiste en varios individuos que trabajan juntos de manera intelectual para resolver un problema.

Filipenses 4:11 *(NKJV) No es que hable con respecto a la necesidad porque he aprendido en cualquier estado en el que me encuentre, a estar contento.*

EXCELL LA FAYETTE, JR.

Fecha____/____/____

PENSAMIENTO COMPARTIDO

Haz una lista de cinco (5) elementos de los éxitos de tu vida a partir del pensamiento compartido.

_____

_____

_____

_____

_____

_____

_____

_____

_____

Filipenses 4:11 *(NKJV) No es que hable con respecto a la necesidad porque he aprendido en cualquier estado en el que me encuentre, a estar contento.*

"YO" IMPORTO: 11 CLAVES PARA LA EXCELENCIA

Fecha____/____/____

PENSAMIENTO COMPARTIDO

Ahora, corrió los cinco (5) éxitos en su vida de pensamiento compartido.

_____
_____
_____
_____
_____
_____
_____
_____
_____

Filipenses 4:11 *(NKJV) No es que hable con respecto a la necesidad porque he aprendido en cualquier estado en el que me encuentre, a estar contento.*

EXCELL LA FAYETTE, JR.

Fecha____/____/____

PENSAMIENTO COMPARTIDO

Estás en una divina asociación humana. ¿Cómo puedes permitir que el espíritu de Dios te guíe?

_____

_____

_____

_____

_____

_____

_____

Filipenses 4:11 *(NKJV) No es que hable con respecto a la necesidad porque he aprendido en cualquier estado en el que me encuentre, a estar contento.*

"YO" IMPORTO: 11 CLAVES PARA LA EXCELENCIA

Fecha____/____/____

PENSAMIENTO COMPARTIDO

_____

_____

_____

_____

_____

_____

_____

_____

_____

_____

_____

Filipenses 4:11 *(NKJV) No es que hable con respecto a la necesidad porque he aprendido en cualquier estado en el que me encuentre, a estar contento.*

EXCELL LA FAYETTE, JR.

Fecha____/____/____

PENSAMIENTO COMPARTIDO

¿Cuál es su posesión más preciada debido al pensamiento compartido?

_____
_____
_____
_____
_____
_____
_____
_____

Filipenses 4:11 *(NKJV) No es que hable con respecto a la necesidad porque he aprendido en cualquier estado en el que me encuentre, a estar contento.*

"YO" IMPORTO: 11 CLAVES PARA LA EXCELENCIA

Fecha____/____/____

PENSAMIENTO COMPARTIDO

¿Qué tiene que ver con el pensamiento compartido que te trae alegría y emoción?

_____
_____
_____
_____
_____
_____
_____
_____

Filipenses 4:11 *(NKJV) No es que hable con respecto a la necesidad porque he aprendido en cualquier estado en el que me encuentre, a estar contento.*

EXCELL LA FAYETTE, JR.

Fecha____/____/____

PENSAMIENTO COMPARTIDO

_____
_____
_____
_____
_____
_____
_____
_____
_____
_____

Filipenses 4:11 *(NKJV) No es que hable con respecto a la necesidad porque he aprendido en cualquier estado en el que me encuentre, a estar contento.*

"YO" IMPORTO: 11 CLAVES PARA LA EXCELENCIA

Fecha____/____/____

PENSAMIENTO COMPARTIDO

El pensamiento compartido aporta nuevas perspectivas. ¿Qué has hecho para salir de tu viejo pensamiento?

_____

_____

_____

_____

_____

_____

_____

_____

Filipenses 4:11 *(NKJV) No es que hable con respecto a la necesidad porque he aprendido en cualquier estado en el que me encuentre, a estar contento.*

EXCELL LA FAYETTE, JR.

Fecha____/____/____

PENSAMIENTO COMPARTIDO

_____
_____
_____
_____
_____
_____
_____
_____
_____
_____
_____

Filipenses 4:11 *(NKJV) No es que hable con respecto a la necesidad porque he aprendido en cualquier estado en el que me encuentre, a estar contento.*

"YO" IMPORTO: 11 CLAVES PARA LA EXCELENCIA

Fecha____/____/____

PENSAMIENTO COMPARTIDO

_____
_____
_____
_____
_____
_____
_____
_____
_____
_____
_____

Filipenses 4:11 *(NKJV) No es que hable con respecto a la necesidad porque he aprendido en cualquier estado en el que me encuentre, a estar contento.*

NOTAS

Clave n.o 10

Pensamiento DESINTERESADO

El pensamiento desinteresado es pensar en lo que otras personas quieren y necesitan en lugar de pensar en sí mismas.

Isaías 40:31 (*KJV*) Pero los que esperan *en el Señor renovarán su fuerza; se montarán con alas como águilas; correrán, y no se cansarán; y caminarán, y no se desmayarán.*

EXCELL LA FAYETTE, JR.

Fecha____/____/____

PENSAMIENTO DESINTERESADO

Comparta un momento en el que no fue egoísta, y benefició a otra persona.

_____

_____

_____

_____

_____

_____

_____

_____

Isaías 40:31 (*KJV*) Pero los que esperan *en el Señor renovarán su fuerza; se montarán con alas como águilas; correrán, y no se cansarán; y caminarán, y no se desmayarán.*

Página 126

"YO" IMPORTO: 11 CLAVES PARA LA EXCELENCIA

Fecha____/____/____

PENSAMIENTO DESINTERESADO

_____
_____
_____
_____
_____
_____
_____
_____
_____
_____

Isaías 40:31 (*KJV*) Pero los que esperan *en el Señor renovarán su fuerza; se montarán con alas como águilas; correrán, y no se cansarán; y caminarán, y no se desmayarán.*

EXCELL LA FAYETTE, JR.

Fecha____/____/____

PENSAMIENTO DESINTERESADO

Haz una lista de cinco (5) sentimientos o emociones que hayas experimentado, cuando pensaste y actuaste desinteresadamente.

_____

_____

_____

_____

_____

_____

_____

_____

Isaías 40:31 (*KJV*) Pero los que esperan *en el Señor* renovarán su fuerza; se montarán con alas como águilas; correrán, y no se cansarán; y caminarán, y no se desmayarán.

"YO" IMPORTO: 11 CLAVES PARA LA EXCELENCIA

Fecha____/____/____

PENSAMIENTO DESINTERESADO

_____

_____

_____

_____

_____

_____

_____

_____

_____

_____

Isaías 40:31 (*KJV*) Pero los que esperan *en el* Señor *renovarán su fuerza; se montarán con alas como águilas; correrán, y no se cansarán; y caminarán, y no se desmayarán.*

EXCELL LA FAYETTE, JR.

Fecha____/____/____

PENSAMIENTO DESINTERESADO

Haz una cita de un autor que te mantenga humilde.

_____
_____
_____
_____
_____
_____
_____
_____

Isaías 40:31 (*KJV*) Pero los que esperan *en el Señor* renovarán su fuerza; se montarán con alas como águilas; correrán, y no se cansarán; y caminarán, y no se desmayarán.

"YO" IMPORTO: 11 CLAVES PARA LA EXCELENCIA

Fecha_____/_____/_____

PENSAMIENTO DESINTERESADO

¿Qué papel desempeña la espiritualidad o la religión en su vida?

_____
_____
_____
_____
_____
_____
_____
_____

Isaías 40:31 (*KJV*) Pero los que esperan *en el* Señor *renovarán su fuerza; se montarán con alas como águilas; correrán, y no se cansarán; y caminarán, y no se desmayarán.*

EXCELL LA FAYETTE, JR.

Fecha____/____/____

PENSAMIENTO DESINTERESADO

_____
_____
_____
_____
_____
_____
_____
_____
_____
_____

Isaías 40:31 (*KJV*) Pero los que esperan *en el Señor renovarán su fuerza; se montarán con alas como águilas; correrán, y no se cansarán; y caminarán, y no se desmayarán.*

"YO" IMPORTO: 11 CLAVES PARA LA EXCELENCIA

Fecha____/____/____

PENSAMIENTO DESINTERESADO

Enumere sus cinco (5) actos más personales de generosidad.

_____

_____

_____

_____

_____

_____

_____

_____

Isaías 40:31 (*KJV*) Pero los que esperan *en el* Señor *renovarán su fuerza; se montarán con alas como águilas; correrán, y no se cansarán; y caminarán, y no se desmayarán.*

EXCELL LA FAYETTE, JR.

Fecha____/____/____

PENSAMIENTO DESINTERESADO

_____

_____

_____

_____

_____

_____

_____

_____

_____

Isaías 40:31 (*KJV*) Pero los que esperan *en el* Señor *renovarán su fuerza; se montarán con alas como águilas; correrán, y no se cansarán; y caminarán, y no se desmayarán.*

"YO" IMPORTO: 11 CLAVES PARA LA EXCELENCIA

Fecha_____/_____/_____

PENSAMIENTO DESINTERESADO

Haz una lista de cinco (5) eventos clave en los que has tenido éxito en pensar y actuar desinteresadamente.

_____

_____

_____

_____

_____

_____

_____

_____

Isaías 40:31 (*KJV*) Pero los que esperan *en el Señor renovarán su fuerza; se montarán con alas como águilas; correrán, y no se cansarán; y caminarán, y no se desmayarán.*

NOTAS

Clave n.o 11

Pensamiento de la LÍNEA de FONDO

Pensamiento de la Línea de Fondo es una decisión en la que el factor más importante que debe considerar es lo que está dispuesto a aceptar.

Colosenses 3:23 *(KJV) Y todo lo que hagáis, hazlo de corazón, como al Señor, y no a los hombres.*

EXCELL LA FAYETTE, JR.

Fecha____/____/____

PENSAMIENTO DE LA LÍNEA DE FONDO

Haz una lista de cinco (5) cosas que te ayudaron en este ejercicio.

_____

_____

_____

_____

_____

_____

_____

Colosenses 3:23*(KJV) Y todo lo que hagáis, hazlo de corazón, como al Señor, y no a los hombres.*

"YO" IMPORTO: 11 CLAVES PARA LA EXCELENCIA

Fecha____/____/____

PENSAMIENTO DE LA LÍNEA DE FONDO

_____

_____

_____

_____

_____

_____

_____

_____

_____

_____

_____

Colosenses 3:23 *(KJV) Y todo lo que hagáis, hazlo de corazón, como al Señor, y no a los hombres.*

EXCELL LA FAYETTE, JR.

Fecha____/____/____

PENSAMIENTO DE LA LÍNEA DE FONDO

Enumere los cinco (5) momentos de "Conclusión" que resultaron exitosos en su vida.

_____

_____

_____

_____

_____

_____

_____

_____

Colosenses 3:23 *(KJV) Y todo lo que hagáis, hazlo de corazón, como al Señor, y no a los hombres.*

"YO" IMPORTO: 11 CLAVES PARA LA EXCELENCIA

Fecha____/____/____

PENSAMIENTO DE LA LÍNEA DE FONDO

_____
_____
_____
_____
_____
_____
_____
_____
_____
_____
_____
_____
_____

Colosenses 3:23 *(KJV) Y todo lo que hagáis, hazlo de corazón, como al Señor, y no a los hombres.*

EXCELL LA FAYETTE, JR.

Fecha____/____/____

PENSAMIENTO DE LA LÍNEA DE FONDO

¿Qué te da un sentido de propósito?

_____

_____

_____

_____

_____

_____

_____

_____

_____

_____

Colosenses 3:23*(KJV) Y todo lo que hagáis, hazlo de corazón, como al Señor, y no a los hombres.*

"YO" IMPORTO: 11 CLAVES PARA LA EXCELENCIA

Fecha____/____/____

PENSAMIENTO DE LA LÍNEA DE FONDO

_____

_____

_____

_____

_____

_____

_____

_____

_____

_____

Colosenses 3:23 *(KJV) Y todo lo que hagáis, hazlo de corazón, como al Señor, y no a los hombres.*

EXCELL LA FAYETTE, JR.

Fecha____/____/____

PENSAMIENTO DE LA LÍNEA DE FONDO

¿Cómo maneja el equilibrio entre su trabajo y su vida personal con un plan de juego? Nombrar unos pocos.

_____

_____

_____

_____

_____

_____

_____

_____

_____

Colosenses 3:23 *(KJV) Y todo lo que hagáis, hazlo de corazón, como al Señor, y no a los hombres.*

"YO" IMPORTO: 11 CLAVES PARA LA EXCELENCIA

Fecha____/____/____

PENSAMIENTO DE LA LÍNEA DE FONDO

_____

_____

_____

_____

_____

_____

_____

_____

_____

_____

Colosenses 3:23*(KJV) Y todo lo que hagáis, hazlo de corazón, como al Señor, y no a los hombres.*

EXCELL LA FAYETTE, JR.

Fecha_____/_____/_____

PENSAMIENTO DE LA LÍNEA DE FONDO

Haz una lista de cinco (5) cosas que deseaste que hayas pensado más antes de decidir.

_____

_____

_____

_____

_____

_____

_____

_____

Colosenses 3:23 *(KJV) Y todo lo que hagáis, hazlo de corazón, como al Señor, y no a los hombres.*

"YO" IMPORTO: 11 CLAVES PARA LA EXCELENCIA

Fecha____/____/____

PENSAMIENTO DE LA LÍNEA DE FONDO

¿Enumere cinco (5) eventos en los que no se hizo el pensamiento o la acción "Básica," y ¿cuál fue el resultado?

_____

_____

_____

_____

_____

_____

_____

_____

_____

Colosenses 3:23 *(KJV) Y todo lo que hagáis, hazlo de corazón, como al Señor, y no a los hombres.*

"YO" IMPORTO: 11 CLAVES PARA LA EXCELENCIA

SOBRE EL AUTOR

Excell La Fayette, Jr. – Referido por colegas y profesionales de la industria como el "Hombre de los Mil millones de Dólares," y el receptor del Premio de Mesa Redonda de Dólares de la Revista Minorita Business News (MBA), como Director de Administración de Proveedores de Walmart Stores, Inc., una compañía Fortune 500. Durante las primeras etapas de las iniciativas de diversidad de proveedores de Walmart Stores, Inc., dirigió la supervisión de adquisiciones por más de $3 Mil millones, como Director de Diversidad de Proveedores. Su mandato como Ejecutivo de la Compañía duró más de 18 años.

Como ex Contratista de Acciones (Propietario) de Professional Bull Riders (PBR) durante casi cinco años, tuvo un proyecto de ley preciado con el nombre de *"Shaft"* en las Finales de PBR durante tres años consecutivos, y dos años en las Finales Mundiales. Su vasto conocimiento como especialista en la construcción de relaciones corporativas y comunitarias; consulta de trabajo; discurso motivacional; videografía;

fotografiar; guiar a otros en su crecimiento espiritual; liderazgo comunitario, y como entrenador de vida profesional certificado; todos han demostrado características de excelencia que contribuyen a su éxito y al éxito de los demás.

Excell es un nativo de Tulsa, Oklahoma y se graduó de la Universidad de Langston en Langston, Oklahoma, con una Licenciatura en Periodismo de Radiodifusión. Se graduó del Faith Bible Institute en Monroe, Louisiana, con un Diploma de la Universidad Bíblica, y un Entrenador de Vida Profesional Certificado de la Federación Internacional de Entrenadores (ICF).

NOTAS

NOTAS

Made in the USA
Monee, IL
01 February 2021